Gerlinde Knisel-Scheuring

WIR BESUCHEN UNSERE KIRCHE

Mit Illustrationen von Heike Prange

Verlag Ernst Kaufmann

INHALT

1. Auflage 2002

Printed in Germany
Umschlaggestaltung: Stefan Heß
Umschlagfoto: Blick in den Bamberger Dom. Foto: Peter Eberts. Mit freundlicher Genehmigung. Aus: Bamberg – Weltkulturerbe. Bayerische Verlagsanstalt, Bamberg 1996. S. 46.
Hergestellt bei Dinner Druck GmbH, Schwanau
ISBN 3-7806-2595-4

EINFÜHRUNG

Kirche ist für viele Menschen heute ein Ort, den sie allenfalls an Weihnachten, Hochzeiten oder anderen Familien-Festlichkeiten erleben. Der Besuch einer Kirche und des Gottesdienstes ist damit für viele Kinder ein besonderes und sehr seltenes Ereignis. Der Besuch bleibt oft nur vage in der Erinnerung des Kindes, weil die Eindrücke des Gottesdienstes von all den anderen Eindrücken eines besonderen Tages überlagert werden oder auch, weil Gottesdienste selten auf die Bedürfnisse der Kinder ausgerichtet sind. Neben den Eindrücken des Gottesdienstgeschehens selbst wirkt in der Kirche auch die beeindruckende Atmosphäre und die besondere (Innen-)Architektur nachhaltig, gleichzeitig verwirrend und fremd auf die Kinder ein. Ihre Beobachtungen und Wahrnehmungen bedürfen der Vertiefung, damit sie verarbeitet und verstanden werden können.

Die meisten Kirchen sind Zeugnisse der Vergangenheit und als solche interessant. Ob sie in der Gegenwart und für das Leben von Kindern als bedeutsame Orte empfunden werden, hängt auch davon ab, wie Kinder sich eine Kirche aneignen können, wie sie sich in ihr bewegen und in ihr agieren dürfen.

Mit diesen Fragen beschäftigt sich dieses Themenheft, das Anregungen und Hinweise gibt und beschreibt, wie es gelingen kann, mit Kindern Kirche als Ort von historischer, gegenwärtiger und zukünftiger Bedeutung zu begreifen.

Hier können Sie sich informieren, welche Schritte nötig sind, um mit Kindern Kirche zu entdecken.

Der besseren Lesbarkeit wegen sind bei Personenbezeichnungen nicht jedes Mal sowohl die weibliche als auch die männliche Form erwähnt. Ich schreibe ausschließlich in der weiblichen Form, selbstverständlich sind auch Männer angesprochen.

Gerlinde Knisel-Scheuring

KIRCHEN – ORTE MIT BESONDERER GESCHICHTE

Kirchen haben in der Regel eine besondere und traditionsreiche Geschichte. Diese aufzuspüren ist lohnend, denn viele interessante, spannende, freud- und leidvolle oder tragische Ereignisse haben sich in den Jahren, Jahrzehnten oder gar Jahrhunderten schon in den Kirchenräumen zugetragen und ihren Niederschlag in der Ausstattung gefunden.
Vieles davon ist in den alten Kirchenbüchern festgehalten. Aber auch in den Festschriften und Chroniken, welche viele Kirchengemeinden anlässlich eines Kirchen- oder Glockenturmjubiläums herausgeben, können interessante Daten, Fakten und Ereignisse rund um die jeweilige Kirche nachgelesen werden.
Für die Kinder sind zwar hauptsächlich die Geschichten von Menschen interessant, die in und um Kirche herum vieles erlebt haben und immer noch erleben. Sie fragen aber auch nach der Architektur und den baulichen Auffälligkeiten der Kirche. Sie entdecken die bunten Fenster und wollen wissen, wer sie angemalt hat. Sie bestaunen die dicken Mauern und groben Steine, welche im Mauerwerk vielleicht noch sichtbar sind. Sie interessieren sich für die Orgel und wollen alles darüber wissen, sie betrachten das große Kreuz mit Jesus und fragen bestürzt nach, sie entdecken den Altar und lassen sich die Bedeutung der Gegenstände erklären, sie erklimmen den Glockenturm und bestaunen andächtig die riesigen Glocken und vieles mehr – die Liste ließe sich endlos weiterführen. In jeder Kirche gibt es viel zu entdecken und zu fragen; die Suche nach Antworten ist sowohl für Kinder als auch Erzieherinnen eine spannende und lohnende Angelegenheit.

VORBEREITUNG IM TEAM

Der Anlass, sich im Kindergartenalltag mit Kirchen zu beschäftigen, ergibt sich oft aus einer geplanten Teilnahme an einem Gottesdienst, z. B. zu Erntedank, Weihnachten oder Ostern. Er kann sich aber auch im besonderen Interesse der Kinder an diesem auffallenden Gebäude begründen. Die Neugier der Kinder wurde vielleicht geweckt, weil Kinder von Gottesdienstbesuchen in der Kirche erzählen, bei einer Dorf- bzw. Stadtteilerkundung die Kirche wahrgenommen haben oder angeregt durch Bilderbücher und Erzählungen mehr über Kirchen erfahren möchten.
Erzieherinnen, die ein Thema aufgreifen und mit den Kindern erarbeiten wollen, sind immer auch gefordert, ihre eigene Sicht zum Thema einzubringen. Das bedeutet nicht, dass sie Fragen der Kinder allwissend und sofort beantworten sollen, im Gegenteil, eine gemeinsame Suche nach Antworten stärkt das Vertrauen der Kinder in ihre eigenen Fähigkeiten und vertieft die vertrauensvolle Beziehung zur Erzieherin. Doch gerade dieses Sicheinlassen auf Kinderfragen, das gemeinsame Suchen nach Antworten, das freie Assoziieren und neue Zusammensetzen von Eindrücken und Ideen setzt voraus, dass Erzieherinnen offen sind, dass sie sich frei machen von eigenen Zwängen und „eindeutig richtigen" Antworten.
Dies kann gelingen, wenn eine klärende Auseinandersetzung mit den eigenen Gefühlen in Bezug auf „Kirche" vorausging. Dabei fragen sich Erzieherinnen: Was bedeutet mir „Kirche"? Ist es ein Ort, den ich häufig besuche, weil ich ihn als besonderen Ort schätze, der mir „heilig" ist; oder besuche ich ihn, weil ich dazu erzogen wurde und ich diese Pflicht oder Tradition noch nie hinterfragt habe? Vielleicht wird es hier am Ort von mir als Erzieherin in einem konfessionellen Kindergarten einfach erwartet, dorthin zu gehen? Oder ist es eher ein Ort, zu dem ich wenig Bezug habe, den ich nur an besonderen Feier- und Festtagen wahrnehme oder eben, wenn der Kindergarten dort „antanzen" muss? Vielleicht ist für mich Kirche sogar ein Ort, der mit negativen Erinnerungen besetzt ist?

Eine Klärung dieser Fragen ist sehr wichtig, denn die Gefühle der Erzieherin wirken auf die Kinder und teilen sich ihnen mit, selbst wenn sie unausgesprochen bleiben.

DER GEKREUZIGTE

In nahezu allen Kirchen finden sich unterschiedliche Darstellungen von Jesus, wie er den Tod am Kreuz erleidet. Erzieherinnen müssen sich deshalb sehr intensiv mit diesen Darstellungen und ihrer Bedeutung auseinander setzen, denn Kinder brauchen für die starke Wirkung, welche diese Skulpturen, Abbildungen und bildhaften Darstellungen meist haben, Verarbeitungsmöglichkeiten. Sie brauchen Antworten auf ihre (unausgesprochenen) Fragen, warum dieser Mensch leiden muss, warum es Leid und Trauer in der Welt gibt.
Der Tod Jesu am Kreuz und der Glaube an seine Auferstehung am dritten Tag bilden den Kern des christlichen Glaubens. Auch wenn Kinder mit den Geschehnissen um Ostern vertraut sind und regelmäßig von Jesus und seinem Wirken hören, werden Darstellungen des Gekreuzigten die Kinder verstören, wenn sie den Schmerz und die Trauer, die mit dem brutalen Tod am Kreuz verbunden sind, realistisch und drastisch ausdrücken.
Kindern ist nicht fremd, dass andere sie verletzen, ihnen Schmerz zufügen. Nicht zuletzt durch die allgegenwärtige Präsenz der Medien erfahren sie von furchtbaren Unfällen, von Krieg und Terroranschlägen. In vielen Kindergruppen sind sogar Kinder, die wegen solch schlimmen Ereignissen aus ihrem Heimatland flüchten mussten.
Bilderbücher greifen solche Themen auf, helle, lichte Bilder und anschauliche Erzählungen von der Zeit nach dem Leid sind wichtig. Kinder können dadurch erfahren, dass es nach der Zeit des Schmerzes und der Trauer wieder eine Zeit des Wohlfühlens und der Freude gibt.
In der Beschäftigung mit den Ereignissen, die zum Tod von Jesus führten, liegt die Chance, auch über gegenwärtiges Leid und dessen Linderung oder Verarbeitung zu sprechen.

ERZIEHERINNEN ENTDECKEN KIRCHE

Jede Erzieherin nimmt sich Zeit für eine eigene Entdeckungsreise in die Kirche. Dazu geht sie möglichst alleine, betrachtet die Kirche von außen und innen, lässt sie auf sich wirken und spürt in sich nach, was sie in dieser Kirche am Tiefsten beeindruckt und bewegt. Das kann ein Bild, ein Gebäudeteil, die Bibel auf dem Altar, die Stille oder die Kühle, die Höhe des Kirchenschiffs, der Glockenturm oder etwas ganz anderes sein.
Da jede Erzieherin später in der Teamsitzung den Kolleginnen mitteilen soll, welche Entdeckung sie in der Kirche am stärksten beeindruckt hat, nimmt sie diesen Eindruck symbolisch in den Kindergarten mit. Dazu kann sie die Stelle fotografieren oder ein Bild davon malen oder ein tatsächliches Symbol (Kerze, Blumenstrauß, Lied, Bibelzitat o. ä.) wählen und in die Teamsitzung mitbringen.

Zusammenarbeit mit der Kirchengemeinde

Inwieweit eine Kirche von Kindern entdeckt werden kann, ist auch abhängig davon, wie viel freies Entdecken ihnen dabei ermöglicht wird. Viele Kinder sind mit den Ritualen und Gebräuchen in der Kirche nicht vertraut und verhalten sich bei einem ersten Besuch möglicherweise unangemessen. Deshalb ist die Zusammenarbeit mit der Kirchengemeinde, insbesondere die Zusammenarbeit mit dem zuständigen Pfarrer bzw. der Pfarrerin und auch der Mesnerin oder Kirchendienerin, von großer Bedeutung.

Bei einem gemeinsamen Treffen werden Erwartungen ausgetauscht und verbindliche Vereinbarungen getroffen. Die Erzieherinnen machen deutlich, welche Aktionen sie mit den Kindern vorhaben, welche Ziele sie damit verbinden, wie oft sie mit den Kindern die Kirche besuchen möchten und wie viel Eigenständigkeit sie den Kindern beim Entdecken der Kirche mit all ihren Besonderheiten lassen möchten.

Der Pfarrer bzw. die Pfarrerin und auch die Mesnerin (Kirchendienerin) bzw. der Mesner (Kirchendiener) sagen ihrerseits, wo sie Grenzen sehen, was ihnen wichtig ist und was Erzieherinnen und Kinder in jedem Fall beachten müssen.

Falls, wie in kleineren Gemeinden üblich, die Kirche nur zu bestimmten Zeiten geöffnet, ansonsten aber verschlossen ist, hat es sich bewährt, dem Kindergartenteam einen Schlüssel zur Verfügung zu stellen, es kann dann freier planen und die Mesnerin muss nicht zu viel zusätzliche Zeit investieren.

KINDER WIRKEN IM GOTTESDIENST MIT

ZUSAMMENARBEIT MIT DEN ELTERN

Kirche lädt ein, Gottesdienste zu besuchen, christliche Feste feierlich zu begehen, Gott im Gebet zu begegnen. Ein Anliegen von Erzieherinnen ist es, Kinder in diese Geschehnisse einzubinden. Sie möchten Kindern ermöglichen, Gottesdienste nicht nur als passive ZuschauerInnen, sondern als Beteiligte zu erleben. Eine wichtige Voraussetzung dafür ist, dass die Gottesdienste sich an der Erlebnis- und Aufnahmefähigkeit von Kindern orientieren, alle Sinne der Kinder angesprochen werden und Kinder auch selbst aktiv mitmachen können. Dazu werden oft Lieder, Verse und Gebete im Kindergarten gelernt, die Kinder im Gottesdienst wiedererkennen und mitsingen bzw. mitsprechen können.
Wichtige Fragen in diesem Zusammenhang sind: Wie kann es gelingen, nahezu alle Kinder in das Erleben des Gottesdienstes einzubinden? Ist eine ökumenische Feier möglich? Wie können konfessionslose Eltern bzw. Eltern, welche einer anderen Konfession oder Glaubensgemeinschaft angehören, so in die Vorbereitungen mit einbezogen werden, dass sie ihren Kindern das Erleben des Gottesdienstes nicht verwehren?
Bedeutsam ist hierbei ein sehr sensibler Umgang mit den Eltern. Sie sollten behutsam und mit großer Akzeptanz Einblick in die Rituale rund um den Gottesdienst erhalten. Werden Eltern umfassend, jedoch zurückhaltend und ohne Druck informiert, können sie toleranter mit der Frage umgehen, ob ihr Kind am Gottesdienst teilnehmen darf. Wichtig ist dabei, dass Eltern spüren, dass es ihnen überlassen ist, zu entscheiden und dass die Erzieherinnen bereit sind, diese Entscheidung zu respektieren, ohne sich selbst zurückgewiesen und gekränkt zu fühlen. Auch die Kinder sollten diesen Respekt fühlen und sich nicht ausgeschlossen fühlen.

Kinder, welche dann nicht am Gottesdienst teilgenommen haben, können über Fotos oder Erzählungen in das Geschehen eingebunden werden und haben ihrerseits die Gelegenheit mitzuteilen, was sie in dieser Zeit erlebt haben, wie sie dieses Ereignis feiern, bzw. welche religiösen Feste ihnen stattdessen wichtig sind. Eine Möglichkeit, Eltern zu informieren, bietet der Elternbrief:

ELTERNBRIEF

Liebe Eltern,
in den nächsten Wochen werden wir uns ganz intensiv mit der Kirche in unserer Gemeinde/unserem Stadtteil beschäftigen. Wir wollen zum einen die „historische" Kirche entdecken, uns mit dem Gebäude und seinen Besonderheiten vertraut machen, uns zum anderen aber auch die religiöse Dimension, insbesondere das Feiern von Gottesdiensten erschließen.
Vorgesehen sind Besuche in der Kirche, dabei werden wir alles genau betrachten und uns die Bedeutungen erklären lassen. Auch eine Turmbesteigung ist geplant, um die Glocken anzuschauen.

Zum krönenden Abschluss wollen wir gemeinsam mit Ihnen und Ihren Kindern am ______________ ein Fest in der Kirche und um die Kirche herum feiern. Dazu laden wir Sie jetzt schon herzlich ein, Sie erhalten aber noch rechtzeitig eine ausführliche Einladung.
Auch wenn Sie dem Thema „Kirche" fern stehen, Ihre Kinder ohne Bindung an den christlichen Glauben erziehen wollen oder einer anderen Glaubensgemeinschaft angehören, bitten wir Sie, Ihr/e Kind/er an allen Aktivitäten teilhaben zu lassen. Wir möchten die Kinder mit der Symbolik der christlichen Religion vertraut machen, werden jedoch nicht einseitig in eine Richtung informieren, sondern auch sehr offen auf andere Religionen eingehen.
Wir erhoffen uns lebendige Dialoge und Gespräche mit den Kindern – und mit Ihnen. Bitte sprechen Sie uns an, wenn Sie Fragen oder Zweifel haben, damit wir gemeinsam einen Weg finden.

Wir grüßen Sie herzlich
Ihr Kindergartenteam

Es hat sich bewährt, Eltern, die einer anderen Religion angehören oder ganz bewusst der christlichen Religion fern stehen, persönlich anzusprechen. Wenn sie in ihren Vorbehalten und Ängsten ernst genommen werden, können diese in der Regel ausgeräumt werden. Wichtig ist, das Gespräch zu führen, bevor Kinder von Aktivitäten ausgeschlossen wurden, sonst könnten Eltern die Bitte um ein Gespräch damit verknüpfen und sich – obwohl dies nicht beabsichtigt wurde – angegriffen fühlen. Das könnte das Gespräch belasten.

EINEN GOTTESDIENST MIT KINDERN FEIERN

ZUSAMMENARBEIT MIT DER PFARRERIN/ THEMA DES GOTTESDIENSTES

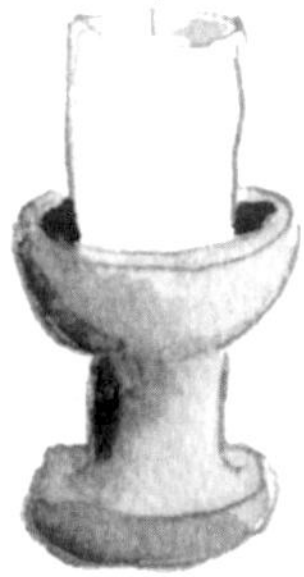

Sinnvoll ist, wenn das Kindergartenteam, das die Kinder am besten kennt, Themen für einen Gottesdienst vorschlägt und mit der Pfarrerin bespricht. Die Erzieherinnen wissen, welche Symbolik die Kinder am ehesten ansprechen könnte und erarbeiten dann mit den Kindern an Hand dieser Symbole den Inhalt des Gottesdienstes. Das kann z. B. die Beschäftigung mit Wasser oder Erde zum Thema Erntedank sein, oder mit Licht, wenn es um einen Gottesdienst in der Adventszeit geht.
Durch die Arbeit mit den Kindern und ihren Reaktionen kristallisiert sich heraus, welche Elemente die Kinder in die Gottesdienstfeier einbringen möchten und können. In einem weiteren Gespräch mit der zuständigen Pfarrerin wird dann der genaue Ablauf des Gottesdienstes abgestimmt.

VORBEREITUNGEN AUF DEN GOTTESDIENST MIT DEN KINDERN

Die auf das jeweilige Thema des Gottesdienstes bezogenen Vorbereitungen können hier nicht ausführlich dargestellt werden. Ich beschränke mich auf die grundsätzlichen Vorbereitungen.

- Vor dem tatsächlichen Kindergarten-Gottesdienst besuchen die Kinder die Kirche: Sie werden mit der Kirche und ihren Gegebenheiten vertraut gemacht. Alle Fragen der Kinder können in Ruhe und ausführlich beantwortet werden.
- Wichtig ist, dass dieser Gottesdienst auf die Kinder und ihre Erlebnisfähigkeit ausgerichtet ist. Deshalb werden möglichst alle Lieder so ausgesucht, dass sie von den Kindern verstanden und mitgesungen werden können. Das Eingangslied ist

idealerweise ein Lied, das die Kinder aus dem Kindergarten kennen. Sinnvoll ist es, Lieder zu wählen, die begrüßen und einladen.

- Damit die Kinder ihre Zusammengehörigkeit spüren, sitzen sie ganz vorne in reservierten Bänken.
- Die Symbolik des Gottesdienstes, sein feierlicher Rahmen, die Atmosphäre der Kirche, die Segensworte der Pfarrerin sprechen die Gefühlsebene der Kinder an und wirken dort nach. Die Beteiligung des Kindergartens verstärkt und vertieft die Erlebnisse der Kinder, sie erhalten die Chance, nicht nur passiv dabei zu sein, sondern mit allen ihren Fähigkeiten auch aktiv zum Gelingen des Gottesdienstes beizutragen.
- Einbeziehung der Eltern: Schön ist es, wenn auch Eltern in den Gottesdienst eingebunden werden, z. B. indem eine Mutter oder ein Vater stellvertretend für alle Eltern ein Gebet spricht.

EXEMPLARISCHER ABLAUF EINES GOTTESDIENSTES MIT KINDERN

Glockenläuten: Die Glocken läuten und rufen die Menschen zum Gottesdienst zusammen.

Vorspiel und Chorgesang: Mit Flöte und Gitarre wird die Melodie des Begrüßungsliedes gespielt. Die Kinder erkennen die Melodie und freuen sich auf das Lied, das sie nach der Begrüßung mitsingen werden.

Begrüßung: Die Pfarrerin begrüßt Kinder und Gottesdienstbesucher.

Eingangslied: Damit sich die Kinder angesprochen fühlen und auch mitsingen können, wird z. B. ein Guten-Morgen-Lied, das im Kindergarten gelernt wurde, gewählt.

Gebet: Die Pfarrerin schließt auch die Kinder in dieses Gebet mit ein.

Ansprache: Die Leiterin oder eine Erzieherin begrüßt die Eltern. Jeder Gottesdienst hat ein bestimmtes Anliegen, das mit den Kindern im Kindergarten besprochen und erarbeitet wurde. Die Kinder danken beispielsweise für ihr tägliches Essen, feiern gemeinsam Weihnachten oder die Auferstehung von Jesus Christus. Die Leiterin führt in das Thema des Gottesdienstes ein und macht mit wenigen Worten deutlich, inwieweit die Kinder dabei mitwirken. Die einzelnen Aktionen der Kinder – Lieder, Verse, Spielszenen etc. – verbindet sie mit kurzen Sätzen, welche den Kindern Orientierung bieten.

Predigt: Die Pfarrerin spricht über das Thema, das die Kinder im Kindergarten erarbeitet haben. Dabei geht sie auf einen Bibeltext ein, den die Kinder im Kindergarten gehört und vertieft haben. Da die Kinder die Hauptpersonen in diesem Gottesdienst sind, richtet sie die Predigt auch an sie. Deshalb ist diese sprachlich nicht zu kompliziert und sollte nicht über die Verständnisebene von Kindergartenkindern und deren Auffassungsvermögen hinausgehen.

Gebet der Eltern: Auch das Gebet der Eltern orientiert sich am Thema des Gottesdienstes. Sie bitten beispielsweise, die Not der Kinder zu lindern, welche nicht täglich satt werden oder Ähnliches.

Vaterunser: Das Gebet, das Jesus uns gegeben hat und das alle Christen verbindet, vermittelt Trost, lässt teilhaben an der Gemeinschaft.

Schlusslied: Mit diesem Lied werden die Kinder verabschiedet. Passend zum Thema des Gottesdienstes wird ein Lied, eventuell aus dem Gesangbuch, ausgewählt. Auch wenn die Kinder den Text vielleicht nicht im Detail verstehen, empfinden sie die dem Lied innewohnende Kraft des Glaubens.

Segen: Die Kinder kommen an den Altar, um ganz nahe bei der Pfarrerin zu sein. Sie spricht den Segen über den Kindern. Es gibt auch sehr schöne Lieder, die dieses Segnen zum Ausdruck bringen.

Nachspiel: Unter den Klängen des Schluss- oder Segensliedes verlassen die Kinder die Kirche.

AKTIONS-ERLEBNIS-TAGE MIT DEN KINDERN

BESUCH IN DER KIRCHE

Rebekka erzählt:
Ich gehe immer mit meiner Oma in der Kirche. Sie geht jeden Sonntag in die Kirche und wenn ich das ganze Wochenende bei ihr bleiben darf, nimmt sie mich mit. Ich könnte auch in die Kinderkirche gehen, aber ich gehe lieber mit Oma. Sie sagt mir immer, dass ich ganz still sein muss in der Kirche. Damit mir das leichter fällt, vor allem während der Predigt, suche ich mir ein Lieblingsbilderbuch aus, das ich dann während der Predigt anschauen kann. Die Predigt, das ist das, was die Pfarrerin den Menschen sagen will, über etwas, was in der Bibel steht. Oma sagt, was in der Bibel steht, hat Gott den Menschen schon vor langer, langer Zeit gesagt, und in der Predigt erzählt die Pfarrerin erst, was in der Bibel steht und dann erklärt sie ganz lange, was das heute für uns Menschen bedeuten soll. Das verstehe ich aber noch nicht so gut. Aber meine Oma liest mir zuhause dann auch aus der Bibel vor, einer besonderen Bibel, extra für Kinder, und dann überlegen wir gemeinsam, was uns die Geschichte sagen will.

Wenn ich mit Oma in die Kirche gehe, ziehe ich immer mein schönes Kleid an. Ja, und am Sonntag da war ich mit meiner Oma in der Kirche. Ich habe mein rotes Kleid mit den großen weißen Blumen drauf angezogen und Oma hat mir noch Zöpfe geflochten und dann sind wir losgegangen. An der großen Eingangstür zur Kirche – die sieht fast schon wie ein großes Tor aus – wurden wir schon erwartet. Da steht immer jemand und begrüßt alle Leute, die kommen. Manchmal bekommt man einen Zettel mit Liedern drauf oder ein Gesangbuch. Aber Oma hat immer ihr eigenes Gesangbuch dabei. Wir gehen

auch immer an denselben Platz, alle wissen schon, dass Oma da sitzen wird. Ja, und da sind wir auch am Sonntag hingegangen. Dort wartete auch schon die Freundin von Oma. Die sitzt immer neben ihr und ist immer schon vor Oma da. Oma hat mir erzählt, dass sie noch nie nach ihr gekommen ist. Die Freundin von Oma begrüßte mich auch ganz freundlich, die freut sich immer, wenn ich mitkomme. Während des Gottesdienstes gab sie mir ein Bonbon. Das tut sie immer und es schmeckt auch immer gleich. Nach Pfefferminze.
Wir setzten uns dann aber nicht gleich hin. Oma hat mir erklärt, dass es Brauch ist, in der Kirche erst ein Gebet zu sprechen und zwar immer dasselbe, das „Vaterunser“. Ich kann das noch nicht auswendig, aber ich spreche auch mit Gott, sage ihm „Danke, danke, dass ich eine so liebe Oma habe“. Dann setzten wir uns und ich schaute mich um. Eigentlich hatte sich nichts verändert, seit ich letztes Mal da war. In der Kirche von Oma gefällt mir am besten das schöne bunte Fenster im Chorraum. In der Mitte steht Jesus und hat die Hände ausgebreitet. Er hat ganz lange lockige Haare und schaut ganz lieb. Das Bild leuchtet ganz bunt und ich schaue es immer an. Das große Kreuz, mit Jesus dran, das will ich dagegen gar nicht so gern sehen.

Solange die Glocken läuteten – Oma hat mir erklärt, dass die Glocken die Menschen in den Gottesdienst rufen –, kamen immer wieder Leute in die Kirche. Dann hörten die Glocken auf zu läuten und die Orgel spielte ganz laut. Das finde ich ganz schön, wenn die Orgel spielt und alle singen. Ich kann zwar die Lieder noch nicht mitsingen, aber es gefällt mir trotzdem. Im Gottesdienst wird immer wieder gesungen, das finde ich gut.
Wenn alle zusammen ein Gebet sprechen, stehen immer alle auf. So war es auch am Sonntag. Der Ablauf ist immer gleich und deshalb weiß ich meist auch schon, was als Nächstes kommt. Wenn die Pfarrerin auf die Kanzel geht, beginnt die Predigt. Am Sonntag habe ich erst versucht zuzuhören, aber dann war es mir doch langweilig und ich habe lieber in meinem Buch geblättert. Am Ende des Gottesdienstes bittet die Pfarrerin, dass Gott uns segnen soll. Wenn Oma mir „Gute Nacht“ sagt, macht sie das auch, und dann fühle ich mich richtig geborgen.
Ich gehe gerne mit meiner Oma in die Kirche.

DIE KINDER BESUCHEN EINE KIRCHE

Am Sonntag wird Samantha, die kleine Schwester von Timi, in der Kirche getauft. Timi spricht im Kindergarten von fast nichts anderem mehr. „Und dazu gehen wir in die Kirche“, erzählt er den anderen Kindern. „In dieselbe Kirche, in der ich getauft wurde. Papa hat mir Bilder gezeigt, da war ich noch ganz klein, fast so wie Samantha jetzt und habe auch fast genauso ausgesehen, so wie Samantha jetzt aussieht.“ Er hat auch Bilder von seiner eigenen Taufe dabei und bald ist er von vielen Kindern umringt, die alle gleichzeitig schauen und hören wollen, was Timi so Wichtiges zu erzählen hat. Frau Sommer, die Erzieherin, ruft die Gruppe auf den Erzählteppich und da kommen die Kinder zur Ruhe und können nun die Bilder einzeln herumgeben und anschauen. Die Kinder haben viele Fragen zu den Bildern, einige erkennen auch die Kirche wieder. „Das ist doch da, wo wir immer hingehen und der große Christbaum steht. An Weihnachten meine ich“, ruft Clara. „Ja, das stimmt“, bestätigt Marcel, „ das ist unsere Kirche. Ich kenne die ganz genau, denn wir gehen da ganz oft hin.“ „Ich war da noch nie“, sagt Nicki, „wir gehen nie in die Kirche.“ Das Thema beschäftigt die Kinder noch den ganzen Morgen und im Gesprächskreis zum Abschluss des Tages fragt Clara, ob sie denn nicht alle mit in die Kirche gehen könnten? Erwartungsvoll schauen alle Frau Sommer an. „Was meint ihr?“, fragt diese zurück. Die Kinder finden die Idee alle gut und so machen sie eifrig Pläne dafür. „Wir müssen die Pfarrerin fragen“, meint Marcel, „die Kirche ist nämlich abgeschlossen, da können wir nicht einfach rein.“ Frau Sommer erklärt sich bereit, das zu übernehmen. Sie sprechen dann noch ziemlich lange über die Kirche und was sie davon wissen und alle freuen sich schon auf den Besuch in der Kirche.

Und am nächsten Donnerstag ist es dann so weit, mit Frau Sommer und dem neuen Praktikanten machen sich die Kinder auf den Weg. Frau Kurz, die Pfarrerin, erwartet sie schon vor der Kirche, sie möchte den Kindern alles zeigen und auch ihre Fragen beantworten. Erst geht sie mit den Kindern um die Kirche herum, da staunen die Kinder, als sie sehen, dass es drei verschiedene Eingänge gibt. Der eine kleine Eingang führt aber in die Sakristei, das ist ein kleiner Nebenraum für die Pfarrerin, da kann sie sich um-

ziehen und da sind auch die verschiedenen Gegenstände, die in der Kirche gebraucht werden. Frau Kurz zeigt den Kindern das Abendmahlgeschirr, die Krippenfiguren, verschiedene Kerzenständer, Wandbehänge in unterschiedlichen Farben und vieles mehr. In einem Schrank sind Putzgeräte drin, die Kirche muss ja auch sauber gemacht werden und in einem Schrank befinden sich ganz viele Schalter, die sind einmal für das ganze Licht und einmal für die Glocken, dass diese läuten. Die Kinder haben viele Fragen und Frau Kurz erklärt geduldig alles, was sie wissen wollen. Dann gehen sie in die Kirche hinein. Frau Kurz erklärt, dass der große Raum, in dem die GottesdienstbesucherInnen sitzen, Kirchenschiff heißt und dass in dem Raum hinter dem Altar der Kirchenchor sitzt.
Dann sprechen sie über die Bedeutung des Altars und des Taufbeckens und der Kanzel. Vieles wissen die Kinder auch schon, sie haben im Kindergarten ja oft und ausführlich über den bevorstehenden Besuch in der Kirche gesprochen. Frau Kurz lässt den Kindern auch Zeit, sich alleine in der Kirche umzusehen.
Dann kommt noch Frau Kaiser hinzu, sie spielt bei den Gottesdiensten immer die Orgel. Darauf waren die Kinder besonders gespannt und aufmerksam sehen und hören sie zu, wie Frau Kaiser spielt. Besonders freut sie, dass Frau Kaiser ihnen erlaubt, auch selbst auf die Tasten zu drücken.
Zum Abschluss machen sie einen Kreis und singen gemeinsam ein Lied. Frau Kaiser spielt die Melodie auf der Orgel dazu. „Das war ganz arg schön“, meint Nicki und alle Kinder stimmen ihm zu. „Was meint ihr, sollen wir nächste Woche auf den Glockenturm gehen?“, fragt da Frau Kurz die Kinder. Von diesem Vorschlag sind die Kinder natürlich hell begeistert, das ist ja noch interessanter und aufregender als die Kirche selbst. Sie bedanken sich noch bei Frau Kurz und Frau Kaiser und gehen dann mit vielen neuen Eindrücken erfüllt in den Kindergarten zurück.

Frau Sommer meint, sie könnten doch ein Bild von der Kirche malen, was ihnen am besten gefallen hat. „Au ja, ich male die Orgel“, ruft Nicki, „und wenn ich in die Schule komme, dann will ich Orgel spielen lernen“, fügt er noch hinzu. „Ich male das Taufbecken und noch meine kleine Schwester und die Frau Kurz, wie sie Samantha tauft“, sagt Timi. Auch die anderen Kinder haben alle eine Idee und bald sitzen sie ruhig und konzentriert über ihren Malblättern.

EIN BESONDERES INSTRUMENT – DIE ORGEL IN DER KIRCHE

Die Kinder erfahren, dass eine Orgel so ähnlich gespielt wird wie ein Klavier, denn die Orgel hat – wie das Klavier – Tasten. Doch im Klavier lockt ein Hämmerchen die Töne aus den Saiten, während bei der Orgel ein kräftiger Wind durch die angespielten Pfeifen fährt. Dieser Wind erzeugt in den Pfeifen die Töne. Heute wird die Luft für diesen Wind elektrisch eingepumpt, aber früher, als es noch keinen Strom gab, mussten ein oder zwei Leute Blasebälge treten. Dies kann den Kindern mit einer Tretpumpe für Luftmatratzen anschaulich erklärt werden.
Damit die Orgel viele verschiedene Klänge erzeugen kann, hat sie viele verschiedene Pfeifen und Register. Besonders beeindruckend sind die ganz großen und tiefen Pfeifen. Ihre Klänge lassen den ganzen Raum mitschwingen und wirken deshalb auch auf die Menschen darin so ergreifend.
Eine geduldige Organistin kann den Kindern die verschiedenen Klänge verdeutlichen. Die Kinder können erkennen, dass manche Pfeifen wie Flöten, andere wie Trompeten oder Geigen klingen.

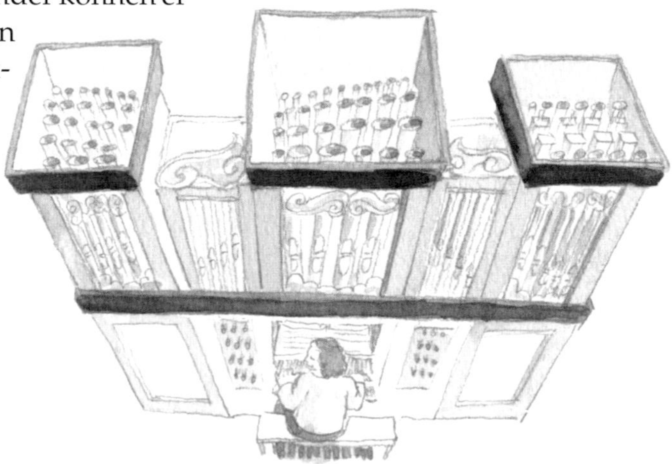

KIRCHENGLOCKEN HÖR' ICH KLINGEN

Die Kinder sind fasziniert von den Glocken und ihren Klängen, wenn sie läuten, sowie von den riesigen Türmen, in denen sie hängen. Besonders eindrucksvoll ist es für Kinder, wenn sie in den Glockenturm hochsteigen dürfen und die Glocken anschauen können.

Thekla erzählt:
Frau Sommer, unsere Erzieherin, hat gesagt, wir dürfen uns die Glocken ganz von nahe anschauen. Sie hat mit Frau Kurz, der Pfarrerin, gesprochen und die hat es erlaubt. Sie hat aber gesagt, wir sollen dann hochgehen, wenn die Glocken nicht läuten, weil es im Glockenturm sonst viel zu laut wäre. Aber wenn die Uhr schlägt, das könnten wir sehen. Wir sind also dann zu unserer Kirche gegangen und davor gestanden. Unsere Kirche heißt Johanneskirche, nach einem Jünger von Jesus, einem von den Zwölf; der Jünger, der bis zum Schluss bei Jesus unterm Kreuz geblieben ist. Frau Kurz hat uns mal im Kindergarten besucht und uns von der Kirche erzählt und alles von Johannes, von dem die Kirche den Namen hat.
Ja und dann ist die Frau Mesnerin gekommen. Das ist die Frau, die auf die Kirche aufpasst, die hatte auch den Schlüssel zum Turm und hat uns aufgeschlossen und reingelassen. Die musste auch dabei sein und mit aufpassen, dass uns nichts passiert.
Wir sind dann nacheinander die Treppe zum Turm hochgestiegen, erst die kleine Treppe außen an der Kirche, bis wir in den Turm rein konnten und dann die riesig lange hoch zum Turm. Die Türe zum Turm war ganz klein, wir Kinder haben gut durch gepasst, aber Frau Sommer, unsere Erzieherin, musste sich bücken und die Mesnerin, die musste sich auch bücken.
Dann sind wir die Stufen hochgestiegen, das war ganz schön weit. Timi hat behauptet, es sind mehr als 60 Stufen, aber ich habe nicht mitgezählt. Ich kann natürlich auch schon so weit zählen, aber ich habe nicht daran gedacht zu zählen, es gab so viel zu sehen. Die Wände waren ganz uneben und rau, und da waren auch kleine Fenster in der Wand, zu denen ich raus schauen wollte. Mir war aber ein wenig schwindelig beim Rausgucken. Und auf der Hälfte ungefähr bin ich ziemlich erschrocken, weil da was ganz komisch gerattert hat. Das war aber nur so ein Automat, der macht, dass die Glocken ganz von alleine dann läuten, wenn sie sollen.
Endlich waren wir dann oben im Turm. Und da waren drei riesige Glocken. Echt riesig groß. Wir haben uns rund um die Glocken ge-

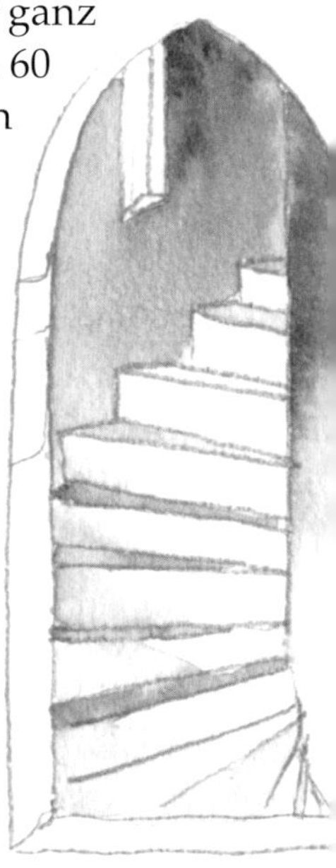

stellt und die Frau Mesnerin, die hat uns ganz viel über die Glocken erzählt, dass sie Namen haben und so. Und dass die Namen oder ich glaube, das was sie bedeuten, auch auf den Glocken drauf stehen. Aber die Namen weiß ich nicht mehr. Sie hat auch gesagt, wie schwer und wie alt die Glocken sind. Aber das weiß ich auch nicht mehr, nur dass sie ganz alt und ganz schwer sind – ist ja auch klar, so groß wie die sind.

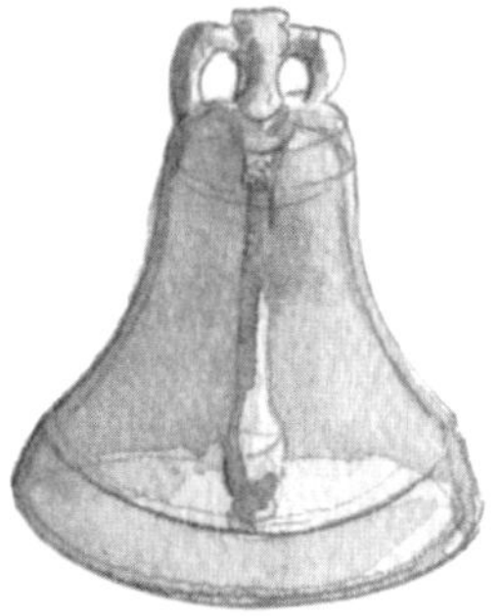

Ja, und dann brummte es und dann schlug ein Hammer an die Glocke in der Mitte. Vier Mal. Für eine ganze Stunde. Wir haben alle mitgezählt. Danach klopfte der Hammer der größeren Glocke daneben, gegen die Glocke. Wir haben wieder alle mitgezählt – genau zehn Mal – für jede Stunde einmal. „Jetzt hat es 10 Uhr geschlagen", sagte Frau Sommer zu uns. Und weiter erklärte sie uns: „Wenn die Glocken läuten, dann schwingen sie und der Klöppel – so nennt man das, was innen in der Glocke hängt – schlägt an die Innenwand der Glocke und macht die Töne. Das klingt dann auch ganz anders, als wenn der Hammer dagegen schlägt. Viel voller und lauter. Deshalb hören wir uns das auch nicht hier oben an, dass würde euren Ohren schaden." Ich fand das schade, ich hätte gerne gesehen, wie die Glocken schwingen. Aber wir mussten dann wieder runter gehen. Die Frau Mesnerin hat uns dann noch in die Kirche reingelassen und uns alles gezeigt, auch die Schalter, mit denen sie die Glocken zum Läuten bringen kann. Sie hat uns auch erklärt, wann die Glocken läuten. Eigentlich immer, wenn Gottesdienst ist – sie sollen die Menschen erinnern, dass jetzt Gottesdienst ist und sie hingehen sollen, hat sie gesagt. Deshalb läuten sie auch schon ziemlich früh, damit die Menschen sich noch anziehen und fertig machen können. Und dann läuten sie noch, kurz bevor die Pfarrerin alle Menschen in der Kirche begrüßt. Und wenn der Gottesdienst aus ist, läuten sie auch. Sie läuten auch bei Hochzeiten und wenn jemand gestorben ist, aber dann läutet nur eine Glocke, nicht alle. Und auch noch zu anderen Gelegenheiten, aber alles konnte ich mir auch nicht merken. (Kinder können an dieser Stelle ergänzen, wann die Glocken noch läuten.) Wir haben auch ein ganz schönes Lied zu den Glocken gelernt. Und Frau Sommer hat gesagt, dass wir nächste Woche da hinfahren, wo sie Glocken machen. Das finde ich toll, darauf freue ich mich schon sehr.

INFORMATIONEN ZU DEN KIRCHENGLOCKEN

Die Glocke ruft die Gläubigen in die Kirche zu Gottesdienst und Gebet. Glocken erklingen aber auch zu anderen Gelegenheiten, um die Menschen zu erinnern oder zu ermahnen.
Kleine Kirchen haben eine, zwei oder falls irgend möglich drei Glocken, große wie Münster und Dome deutlich mehr. Das Ulmer Münster beispielsweise hat sogar 10 Glocken.

Die liturgische Bedeutung der einzelnen Glocken

Die Betglocke
Sie läutet bei Tagesanbruch bzw. zu einer festgelegten Morgenstunde (Ruf zum Morgengebet), mittags um 12 Uhr und am Abend (richtet sich in der Regel nach dem Einbruch der Dämmerung). In einem Dreiergeläute und in einem kleinen Vierergeläute ist sie die tiefste Glocke.
Der Morgenruf ist eine tägliche Erinnerung an die Auferstehung von Jesus Christus. Nach Römer 13, 11–14 stellt sie das Leben der Christen ins Licht des nahenden Gottestages.
Das Mittagsläuten ruft auf zum Gebet für den Frieden und das Abendläuten – im Volksmund „die Betglocke“ – soll alle an den „Abend des Lebens“ und den „Abend der Welt“ erinnern. Dieses Läuten will die Familie zur abendlichen Andacht versammeln. Beim Gottesdienst übernimmt die Betglocke das Läuten beim Vaterunser.

Die Kreuzglocke
Diese Glocke läutet zu den Stunden, die nach der biblischen Überlieferung mit dem Sterben von Jesus am Kreuz verbunden sind:
Matthäus 27,45: 11 Uhr, die Stunde der einbrechenden Finsternis,
Matthäus 27,46.50: 15 Uhr, die Todesstunde von Jesus.
Manche Kirchen läuten diese Glocke auch jeweils am Freitag um 9 Uhr, nach Markus 15,25 wurde in der dritten Stunde Jesus an das Kreuz genagelt.
In diesen Gemeinden wird das 11 Uhr- und 15 Uhr-Läuten dann freitags mit vollem Geläute begangen.
Das „Abend- oder Vesper-Läuten“ soll in diesem Zusammenhang an das Begräbnis von Jesus erinnern.

Die Taufglocke
Hat eine Kapelle mehrere Glocken, ist die Taufglocke die kleinste im Geläute. Sie begleitet mit ihrem Läuten den Taufakt im Gottesdienst und ruft alle, die zu Hause geblieben sind, auf, an der Fürbitte für den Täufling teilzunehmen.

Die Schiedglocke
Stirbt ein Gemeindemitglied, wird dies mit der Schiedglocke bekannt gegeben. In kleineren Geläuten ist dies oft die Kreuzglocke. In der Regel setzt der Kirchengemeinderat dafür eine bestimmte Stunde fest. Nach Bekanntwerden des Todesfalls wird dann zu dieser bestimmten Stunde die Glocke geläutet. Dadurch werden alle zur Fürbitte für die Verstorbene und ihrer Angehörigen aufgerufen und an die eigene Sterbestunde erinnert.

Die Zeichenglocke
Eine volle bzw. eine halbe Stunde vor jedem Gottesdienst wird mit dieser Glocke vorgeläutet. Das Läuten erinnert an die Bitte „Komm, Heiliger Geist!“ In kleineren Geläuten gibt es oft keine extra Zeichenglocke, dann übernimmt eine andere Glocke dieses „Vorläuten“. Es dient natürlich auch zur Erinnerung, sobald dieses Läuten ertönt, ist es Zeit, sich für den Kirchenbesuch bereitzumachen.

Die Sonntagsglocke – Dominika
Diese Glocke haben nur große Geläute. Sie heißt Dominika, ist dem „dies dominicus“ (lat.), dem „Tag des Herrn“, zugeordnet. Ihr Klang zeichnet den Sonntag aus, den Tag der Auferstehung von Jesus Christus. Sie gilt als ausgesprochene Freudenglocke und kann deshalb nicht zugleich als Totenglocke bzw. Kreuzglocke geläutet werden.

Die Festtagsglocke – Glorisosa
Eine Besonderheit sind Großgeläute mit einer Glorisosa, d. h. die Festliche, die Herrliche. Die Glorisosa wird nur an den Festtagen der Kirchen geläutet und verstärkt mit ihrem besonders tiefen Glockenruf deren außerordentliche Bedeutung.

GLOCKEN KLINGEN IM KINDERGARTEN/ KINDER GESTALTEN EIGENE GLOCKEN

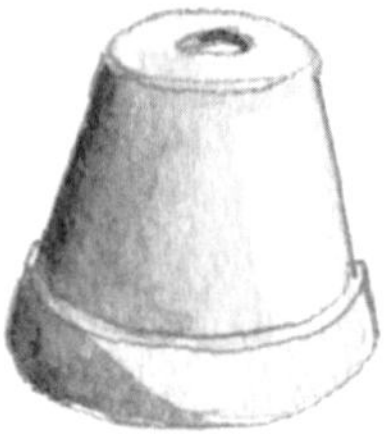

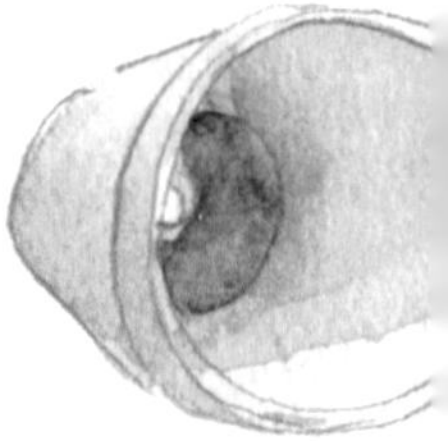

Im Kindergarten werden Glocken und Glöckchen gesammelt und eigene Glocken hergestellt.

Glocken aus Tontöpfen

Material: verschieden große Tontöpfe, bunte Schnüre, Bänder oder Wollreste zum Kordeldrehen, unterschiedlich große Holzkugeln mit Loch, kleine Holzstäbe, Farben und Pinsel zum Bemalen der Töpfe, Klebstoff.

Arbeitsschritte: Die Tontöpfe bilden die Glockenkörper, die Holzkugeln die Klöppel. Durch die Holzkugeln werden die Bänder, wahlweise die gedrehten Schnüre bzw. Kordeln gezogen und mit einem stabilen Knoten befestigt, sodass die Kugel fest am unteren Ende der Schnur hängt und nicht mehr durchrutschen kann. Der Knoten kann zur Sicherheit mit Klebstoff fixiert werden. Das andere Ende der Schnur wird nun durch das Abflussloch des Tontopfes gezogen. Jetzt probieren die Kinder aus, an welcher Stelle die Kugel oder das Rundholz die Innenwände ihrer „Glocke" treffen soll. Dazu wird die Glocke hin und her geschwungen und das Band mal mehr, mal weniger weit hoch gezogen. Wurde die „richtige" Stelle gefunden, wird das Band mit Hilfe eines Hölzchen fixiert. Dazu wird das Hölzchen an das Band geknotet und zwar so, dass es gegen das Loch im Inneren der Glocke drückt und so dafür sorgt, dass das Band bzw. die Kugel am Band immer in derselben Höhe bleibt.
Die Kinder befestigen noch eine schöne Schleife an ihrer Glocke und bemalen sie mit Tempera- oder Lackfarben.

Variante: Auf den Klöppel in der Glocke wird verzichtet, die Glocke wird dann mit einem Holz- oder Metallstab angeschlagen. Dazu muss die Glocke aufgehängt werden.
Schön ist es, wenn mehrere Glocken in unterschiedlichen Größen aufgehängt werden und sich die Kinder kleine Melodien ausdenken.

In diesem Zusammenhang kann auch das Instrument „Glockenspiel" eingeführt werden. Die Kinder rätseln, warum das Instrument so heißt, obwohl es nur einfache Metallplättchen (Klangstäbe) hat. Aber bald wissen sie warum – werden sie angeschlagen, klingen sie wie ganz helle Glöckchen.

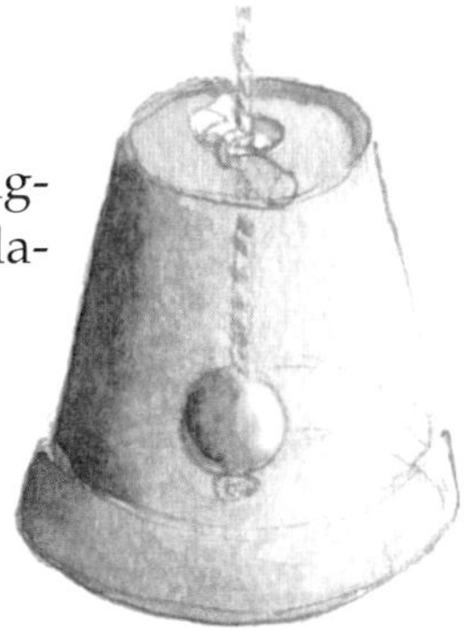

WIR SCHMÜCKEN UNSERE KIRCHE

Schmuck in der Kirche besteht meist aus schönen Kerzen, Bildern oder Wandbehängen an den Wänden und insbesondere aus frischen Blumensträußen und Gestecken.
Dies kann durch die Kinder unterstützt werden.
Sie überlegen, wie sie die Kirche für den Gottesdienst, den sie gemeinsam mit den Eltern oder vielleicht auch der ganzen Kirchengemeinde feiern, schmücken können. Dafür gibt es viele Möglichkeiten:
Je nach Jahreszeit und Anlass des Gottesdienstes

- pflücken sie auf einer Wiese Blumen, holen schöne Gräser oder Zweige von Sträuchern oder Ähnliches, füllen verschiedene Vasen damit und suchen geeignete Plätze dafür in der Kirche aus,
- malen sie große Wandbilder oder gestalten Collagen aus Papier, Bildern, Stoffresten, Wolle etc. zum Thema des Gottesdienstes,
- basteln sie unterschiedliche Kerzenständer, ziehen dafür Kerzen oder verzieren große schmucklose Kerzen mit bunten Wachsplattenmustern,
- gestalten sie Girlanden oder Mobiles, die an Schnüren befestigt werden
- und vieles mehr!

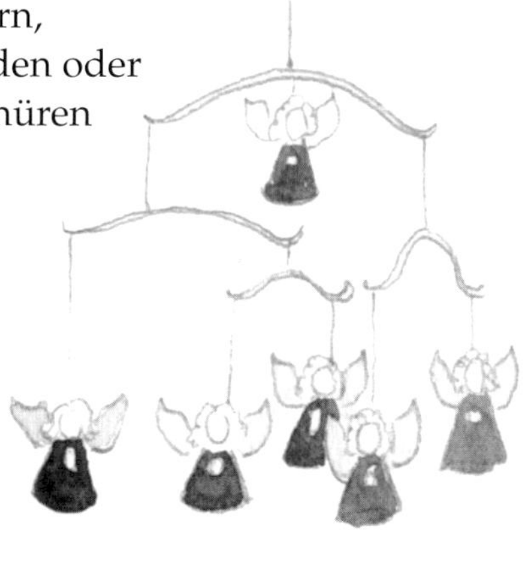

DIE FARBEN DER SCHMUCKTÜCHER (PARAMENTE) DER KIRCHE

Das Kirchenjahr ist in besondere Zeiten – Weihnachtsfestkreis, Osterfestkreis und die Trinitatiszeit (Fest der Dreieinigkeit; Trinitatis = Dreieinigkeit) – gegliedert, die sich in den Paramenten, den Schmucktüchern, die an Altar (Taufstein) und Kanzelpult gelegt bzw. gehängt werden, spiegeln. Es ist auch für Kinder interessant, diese Symbolik der Farben und Formen zu kennen:

- Violett für die Zeiten der Buße und der Vorbereitung vor den hohen Festzeiten des Kirchenjahres. Violett gilt als Farbe der Nacht, als das Zeichen des Wartens auf den kommenden Tag.
- Weiß für die Christusfeste und die durch sie geprägten Festzeiten des Kirchenjahres. Weiß ist die Farbe für Christus und für die Engel. Das weiße Gewand der Täuflinge symbolisiert den durch Christus erneuerten und reinen Menschen. Auf diesem Hintergrund ist auch das weiße Chorhemd (Alba) zu verstehen, das in manchen Gemeinden bei einer Taufe und beim Abendmahl getragen wird. Die Farbe für Christus und die ihm Nachfolgenden spiegelt sich in der weißen Altardecke und der weißen Decke des Taufsteins bei der Taufhandlung.
- Grün ist die Farbe der (grünenden) Saat, des stillen Wachsens und Reifens, die Farbe des durch den Glauben im Heiligen Geist gewirkten neuen Lebens. Diese Farbe zeigt die Zeiten nach den hohen Festen an.
- Rot symbolisiert die Farbe des Geistfeuers der Kirche (Pfingsten – Apostelgeschichte 2, 1–3) und ist zugleich die Farbe des Blutes der Glaubenszeugen (Apostelgeschichte 7,56).
- Schwarz gilt als die Farbe der äußersten Finsternis und der tiefen Trauer (Matthäus 26,31) und ist deshalb die Farbe für Karfreitag und Karsamstag sowie für Beerdigungs- und Trauergottesdienste. Sollten keine schwarzen Paramente vorhanden sein, können auch die violetten genommen werden. Wird der letzte Sonntag im Kirchenjahr als Totensonntag gefeiert, wird ebenfalls Schwarz bzw. Violett aufgelegt.

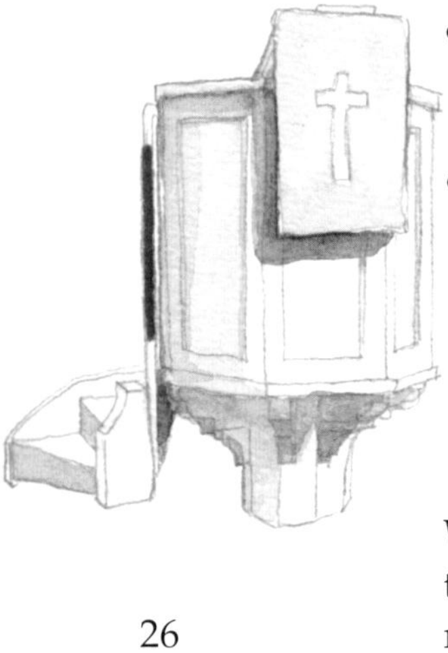

Werden im Kindergarten christliche Feste gefeiert und deshalb intensiv mit den Kindern vorbereitet, kann diese Farbsymbolik berücksichtigt werden.

SYMBOLE UND RITUALE

In vielen Kindergarten hat es sich bewährt, Kindern mit Symbolen und Ritualen durch den doch oft komplizierten und verwirrenden Alltag zu helfen. Gibt es beispielsweise einen Märchen- bzw. Erzählraum oder einen Gesprächs- und Geschichtenteppich, kann dort die immer gleiche Gestaltung je nach Erzählinhalt versinnbildlichen, was die Kinder erwartet:
Für die biblischen Geschichten wird dann ein kleiner Altar aufgebaut, der genau wie der Altar in der Kirche ausgestattet wird (Kerzen, Bibel, Blumen, Schmucktücher in der Farbe des Kirchenjahrkreises etc.). Der Altarschmuck kann mit den Kindern gestaltet und hergerichtet werden.
Zu dieser Erzählstunde lädt Glockenläuten – vom Band oder mit „richtigen" Glocken – die Kinder ein.
Dieses Ritual ermöglicht den Kindern auch eine Unterscheidung zu Erzählstunden, in denen Märchen und Geschichten mit anderen Inhalten erzählt werden. Sie wissen: Jetzt hören wir Geschichten von Gott und/oder Jesus.

In der christlichen Religion gibt es viele wichtige Symbole und Attribute, die in den Kirchen von den Kindern entdeckt werden und nach deren Bedeutung sie fragen.
Verschiedene Kreuzformen: Lateinisches Kreuz (Passionskreuz) mit kurzem Querbalken, Griechisches Kreuz mit gleichlangen Balken, Jerusalem-Kreuz, ein Krückenkreuz mit vier kleinen Kreuzen, Malteser-Kreuz, Andreas-Kreuz, Johanniter-Kreuz u.a.

Verschiedene Christussymbole: Es gibt zum einen Buchstabensymbole wie IHS, wobei sich die Deutung einmal auf die griechischen Buchstaben I = I, H = E und S = S herleiten lässt: Jesus Heiland Seligmacher, JES = Abkürzung für Jesus; nach einer anderen Tradition nach den lateinischen Buchstaben: Jesus Hominum Salvator (Jesus, Retter der Menschen).
INRI (Kreuzesinschrift): Jesus Nazarenus Rex Judaeorum = Jesus von Nazareth, König der Juden.
Der Fisch ist ebenfalls ein Symbol für Christus. Die Buchstaben des griechischen Wortes für Fisch (ICHTHYS) ergeben die Anfangsbuchstaben für „Jesus Christus, Gottes Sohn, Retter". Die

Urchristen nutzten deshalb dieses Symbol als Geheimzeichen. Zudem ist der Fisch das Zeichen für die Taufe = Leben aus dem Wasser. Auch das Lamm ist ein Symbol für Christus, vgl. Johannes 1,29.

Die Taube ist das Symbol des Heiligen Geistes (Matthäus 3,16).

Abbildungen von Brot und Wein als Symbole für das Abendmahl sind in nahezu jeder Kirche zu finden.

PUTZAKTION IN DER KIRCHE

Die Kinder interessieren sich für die Menschen, die sie in Verbindung mit der Kirche kennen lernen, sie besuchen die Pfarrerin im ihrem Büro und erfahren, welche Aufgaben der Beruf der Pfarrerin mit sich bringt.

Eine originelle Möglichkeit, Kirche „hautnah" kennen zu lernen, ist, die Kirche zu putzen.

Die Mesnerin, mancherorts auch Kirchendienerin genannt – große Kirchen haben auch Hausmeisterinnen –, ist jedoch am intensivsten mit dem Gebäude der Kirche verbunden: sie muss es warten, reinigen, pflegen und schmücken, wobei sie die Kirche in- und auswendig kennen lernt. So kann sie den Kindern sicher vieles erzählen.

Bei einem Rundgang durch die Kirche erklärt die Mesnerin, welche Putzaufgaben nach jedem Gottesdienst zu verrichten sind: Die Blumen in den Vasen müssen weggebracht, das Wasser entleert und die Vasen gespült werden. Die Kirchenbänke, der Altar, die Kanzel usw. müssen abgestaubt, die Teppiche mit dem Staubsauger gereinigt und der Steinboden muss nass geputzt werden. Die Treppen aus Holz werden nur leicht feucht gereinigt und die Steintreppen und Steinplatten vor der Kirche werden mit einem groben Besen gekehrt und vieles mehr.

Die Kinder sind begeistert bei der Sache, sie holen zusätzliche Reinigungstücher und -geräte aus dem Kindergarten und gehen dann eifrig der Mesnerin zur Hand.

Viele verschiedene Kirchen

Die Kinder nehmen mit großem Interesse wahr, dass es viele verschiedene Kirchen gibt: große und kleine, alte und moderne, kunstvolle und schlichte … Sie betrachten Bilder von Kirchen, blättern dazu in Büchern und Reiseführern.
Vor allem in Kinder-Bilderbüchern über das Mittelalter wird anschaulich beschrieben, wie Kirchen gebaut wurden und welche Bedeutung sie damals hatten. Da das Mittelalter mit seinen Burgen, Rittern, Burgfrauen, Gauklern etc. ein Thema ist, das die Kinder stark fasziniert, ergeben sich aus dieser Verbindung gute Anknüpfungspunkte.
Ein Besuch in einer großen historischen Kirche in der näheren Umgebung ist für die Kinder, Erzieherinnen und auch Eltern sehr aufschlussreich.

Ein Bilderbuch über Kirchen selber machen

Aus unterschiedlichen Kalenderblättern, Reiseprospekten und Städtebroschüren kann ein umfangreiches „Bilderbuch" über Kirchen zusammengestellt werden.
Material: verschiedene Reiseprospekte und Stadtbroschüren, viele verschiedene Kalender mit Fotografien von Städten, ein Blanko-Buch DIN A4 oder stabile Blätter, (Zacken-)Scheren, Klebstoff.
Bei der Beschaffung können Eltern um Mithilfe gebeten werden.
Auch in Zeitschriften lassen sich Abbildungen von Kirchen finden, welche die Kinder dann ausschneiden und mitbringen können.

Arbeitsschritte: Die Kinder suchen aus dem bereitgelegten Material Abbildungen von Kirchen aus und schneiden sie heraus. Ein besonderer Effekt wird erzielt, wenn die Kinder Zackenscheren – die es auch im Kleinformat, passend für Kinderhände zu kaufen gibt – benutzen, die Bilder sehen dann interessanter aus.

Die Kinder sortieren ihre Ergebnisse und stellen sie zu einem Bilderbuch zusammen. Gemeinsam mit der Erzieherin überlegen sie sich Texte zu den Bildern, beschreiben beispielsweise, was ihnen an der Kirche besonders gefällt (die bunten Fenster, der eckige Glockenturm, das gewaltige Kirchenschiff etc.) oder erzählen, welche wichtigen Ereignisse (die wunderschöne Hochzeit einer Prinzessin, die Taufe eines Babys, alles ist so düster, weil jemand gerade gestorben ist und alle in der Kirche weinen, oder noch andere Ideen) in der Kirche stattfinden bzw. stattgefunden haben.
Die Erzieherin oder ältere Hortkinder schreiben die Texte dazu. Die ausgeschnittenen Fotografien und Bilder können mit gemalten Bildern der Kinder ergänzt werden. Die Kinder malen „ihre" Lieblings- oder Wunschkirche, erzählen ihre Ideen und Geschichten dazu und kleben sie in den Bildband mit hinein.

KIRCHEN ERZÄHLEN GESCHICHTEN

Erzieherinnen und Kinder haben unterschiedliche Erfahrungen und Erlebnisse, welche mit „Kirche" zusammenhängen. Das kann ein besonderes Erlebnis in der eigenen Biografie sein – die eigene Konfirmation, eine Hochzeit, ein Weihnachts-, Trauer- oder anderer Gottesdienst – oder ein ganz anders geartetes einschneidendes Erlebnis mit bzw. in einer Kirche – wie die Übernachtung in der Kirche anlässlich eines Kirchentages, die Besichtigung einer besonderen Kirche im Urlaub, ein anregendes Gespräch mit einer Pfarrerin oder Ähnliches. Diese Erlebnisse können erzählt und aufgeschrieben werden.

FINGERSPIEL: UNSERE KIRCHE

In unserer Kirche steht ein wunderschöner Altar,
mit den Händen einen Tisch bilden

den zieren Kerzen, die Bibel und Blumen in Vasen.
Die einzelnen Gegenstände mit den Händen anzeigen: Kerze = Hand zeigt nach oben, Finger liegen eng aneinander, Bibel = die aneinander gelegten Handflächen symbolisieren ein aufgeschlagenes Buch. Blumen = Die Hände werden an der Handwurzel zusammengelegt und bilden einen Blütenkelch

In unserer Kirche erzählt der Pfarrer von Gott und was damals war.
Lippen bewegen, Hände auf das Herz legen

Und an Ostern geht es um Jesus und nicht um den Osterhasen.
Mit den Fingern oder Händen ein Kreuz bilden, dann mit einer Hand das Hasensymbol (Daumen und kleiner Finger bilden die Ohren, Zeige-, Mittel- und Ringfinger krümmen sich zur Mitte = Kopf) bilden.

In unserer Kirche gibt es auch eine Kanzel mit Mikrophon.
Mit den Händen Pult anzeigen, dann mit den Fingern Treppensteigen symbolisieren

Dort steht der Pfarrer, wenn er zur Gemeinde spricht.
Lippen lautlos bewegen und in das mit den anderen Hand gebildete Mikrophon hinein sprechen

In unserer Kirche erklingt die Orgel mit lautem Ton.
Mit den Fingern pantomimisch Orgeltasten drücken, Hände an die Ohren legen und den Klängen „nachlauschen"

Und die vielen Kerzen spenden helles und warmes Licht.
Hände zeigen nach oben, Finger liegen eng aneinander

In unserer Kirche, da fühlen wir alle uns froh und geborgen,
denn Gott kümmert sich um uns und alle unsere Sorgen.
Arme umschlingen den Körper, sich leicht in der eigenen Umarmung wiegen.

GEDICHT: MEINE KIRCHE ZU HAUSE

Reneé war schon in vielen Kirchen auf der ganzen Welt,
aber es ist die Kirche zu Hause, die ihr am besten gefällt.
Denn in dieser Kirche wurde sie getauft,
auf dem Weg dorthin hat sie schon mit ihrem Bruder gerauft
So manches Mal lauschte sie dem Orgelklang
und erfreute sich an dem vielstimmigen Gesang.
Ja, in der Kirche daheim, da fühlt sich Reneé geborgen,
da geht sie hin und erzählt, wem auch immer, von ihren Sorgen.
Danach geht sie leicht und froh wieder heim,
jetzt fühlt sich nicht mehr niedergedrückt und klein.

Die Kinder hören in dem Gedicht von Reneé, wie diese „Kirche" sieht. Vor allem über die Formulierung „wem auch immer" denken sie nach, das beschäftigt sie ganz enorm. Interessante Gespräche entzünden sich an dieser Frage:
„Sie spricht mit dem Pfarrer, mit wem denn sonst", ist sich Benjamin sicher. „Mit Gott natürlich", erwidert Josuah, „oder vielleicht auch mit Jesus", räumt er dann noch ein. „Alles falsch", ertönt da selbstbewusst die Stimme von Laura.
„Wir Mädchen sprechen mit der Mutter Gottes, die hat dafür auch eine extra Abteilung in der Kirche!" Das kann Simon nun gar nicht verstehen. Von einer Mutter Gottes hat er noch nie etwas gehört und von einer „extra Abteilung" nun schon gar nicht.
„Mensch, das ist die Maria, die mit dem blauen Mantel an der Krippe, die das Jesuskindlein wiegt", klärt ihn Hannes, sein Freund, auf.
An den unterschiedlichen Reaktionen der Kinder erkennt die Erzieherin, ob die Kinder eine Vorstellung von Gott haben und welche, auch, von welcher Konfession sie geprägt sind. Sie kann dann die unterschiedlichen Aussagen und Meinungen der Kinder behutsam mit ihnen durchsprechen.

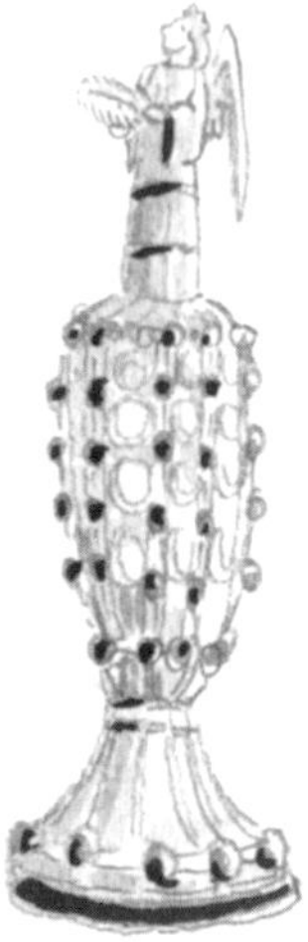

LiED

Melodie: Rainer Scheuring, Text: Gerlinde Knisel-Scheuring

WIR GESTALTEN EINEN KIRCHENFÜHRER

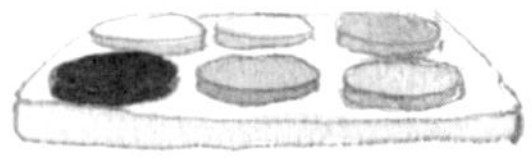

Zu den Domen in Fulda und Limburg gibt es eigens Domführer für Kinder. Angeregt durch diese Idee können auch für kleinere Kirchen solche Führer herausgegeben werden. Angelehnt an die Beobachtungen und Fragen der Kinder beim Kirchenbesuch wird der Aufbau des Buches. Unter dem Motto beispielsweise: *„Unsere Kirche von A bis Z"* beschreibt der Führer alles Wissenswerte und Besondere dieser Kirche.

Obwohl Kirchen sich ähnlich sind und es auch verbindliche Gestaltungsordnungen für die Kirchen gibt, sind doch in jeder Kirche ganz spezifische Besonderheiten erkennbar. Die Kinder interessieren sich für die Geschichte hinter den Dingen: Wie sieht der Altar aus? Welche Beschaffenheit hat er, aus welchem Gestein wurde er hergestellt? Wer hat ihn aufgestellt und wann? War er eine Spende? Wofür wollte der Spender danken? usw. Auch die Gestaltung des Altars ist wichtig. Wie sieht die Bibel aus? Welche Schrift hat sie? Sind darin Bilder abgebildet? Sind die Kerzenhalter aus Silber oder Holz, ist die Altardecke mit Stickereien verziert oder schlicht und einfach weiß? usw.

Die Kinder zählen auch gerne die Anzahl bedeutender Details oder Gegenstände in der Kirche : Wie viele Türen und Fenster gibt es? Welche Formen und Farben haben sie? Sind die Türklinken aus Messing, Eisen oder einem anderen Material etc.

Der Kirchenführer beschreibt also alles, was für die Kinder von Interesse sein könnte. Beispiele:

A wie Altar, Altardecke, Abendmahlsfeier und -geschirr …

In unserer Kirche haben wir einen schlichten Altar aus Kalkstein.

B wie Bibel, Beten in unserer Kirche, Blumenschmuck und …

Auf dem Altar liegt eine große Bibel. Sie wurde 1984 von dem Ehepaar Grosse anlässlich ihrer Goldenen Hochzeit gespendet. In der Bibel sind wunderschöne Abbildungen, die der berühmte Maler Marc Chagall gemalt hat.

C wie Chorraum, Christbaumschmuck, Christussymbole in unserer Kirche …

Im Chorraum stehen 44 Stühle. Auf ihnen liegen bunte Kissen. Zu Weihnachten wird der Christbaum immer mit Strohsternen, roten Äpfeln und elektrischen Kerzen geschmückt.

D wie Dachboden und …

Auf dem Dachboden unserer Kirche bewahrt die Mesnerin wichtige sperrige Gegenstände auf, die in der Kirche nicht so oft gebraucht werden. Da steht die Krippe mit dem Jesus-Kind, die nur an Weihnachten in der Kirche steht.

E wie Einzelkelche, Elektrische Einrichtungen, Engel, Erntedankschmuck und ...

In unserer Kirche wird das Abendmahl ganz oft mit Einzelkelchen gefeiert. Dann trinken die Menschen nicht aus einem großen Kelch, sondern aus einzelnen kleinen Kelchen. Diese Kelche sind aus echtem Silber und deshalb ganz besonders wertvoll. Unsere Mesnerin muss gut darauf aufpassen.

F wie Fenstergestaltung, Fotos in der Kirche und ...

Wir haben 24 Fenster in unserer Kirche und vier davon können nicht geöffnet werden. Die ganz hohen Fenster im Kirchenschiff – fünf an jeder Seite – sind oben spitz zulaufend und in viele kleine Fensterscheiben unterteilt.

In unserer Kirche sind auch Fotos aufgehängt. Es gibt ein Plakat, da sind alle abgebildet, die in der Kirche arbeiten: Frau Kurz, die Pfarrerin, Frau Schmidt, die Mesnerin, Frau Kaiser, die Organistin.

G wie Glockenturm, Glockengeläute, Gesangbuch, Gemeinschaftskelch, Gartengestaltung, Geschichte der Kirche und ...

Unser Glockenturm ist das höchste Gebäude im ganzen Ort. Er hat 97 Stufen. Oben angekommen, kann man ganz weit sehen. Im Glockenturm hängen drei Glocken. Sie heißen: Friedensglocke, das ist die größte und schwerste Glocke, sie wiegt 850 kg. Die kleinste Glocke ist die Taufglocke, sie wiegt 312 kg und dann gibt es noch die Osanna oder Kreuzglocke, diese ist 525 kg schwer. Die Glocken werden mit einem Hammer angeschlagen, diese Töne verkünden die Zeit. Der Hammer schlägt jede Viertelstunde gegen die Glocke und den Hammer der anderen Glocke, um die volle Stunde anzuzeigen.

Wenn die Glocken richtig läuten, dann schwingen sie und gegen ihre Innenwand schlägt ihr Klöppel.

H wie Heizung, Höhe, Holzbänke, Holzschmuck und ...

Im Winter muss die Kirche natürlich auch geheizt werden. Die Heizung läuft praktisch durch die ganze Kirche, in allen Kirchenbänken kann man die Rohre sehen und im Winter auch fühlen, wie warm sie sind.

J wie Jubiläen und ...

Im Jahr 1997 haben wir den Geburtstag unserer Kirche gefeiert. Sie wurde 175 Jahre alt. Das war natürlich ein großes Fest.

K wie Kanzel, Kirchenschiff, Kreuzigung (Darstellung), Kerzen, Kirchenfahne, Kirchenjahr, Kirchenschmuck, Kollekte (siehe auch Opfer), Kunstgegenstände, Krippe, Kirchhof und …

Die Kanzel unserer Kirche ist aus Holz. Wenn die Pfarrerin predigt, steigt sie die elf Stufen der Kanzel hinauf. Sie legt ihre Predigtnotizen auf das kleine Pult an der Kanzel und spricht in das Mikrophon. Da ist sogar ein Tonbandgerät eingebaut, denn es gibt Menschen, die sind zu alt oder zu krank, um in die Kirche zu gehen und die bekommen dann eine Kassette mit der Predigt gebracht, damit sie die Predigt zuhause hören können.

L wie Licht in unserer Kirche – Lampen und Leuchter, Läuteordnung, Liturgie, Liturgische Farben und …

In unserer Kirche hängen 16 große Lampen. Sie hängen an ganz langen Seilen und haben zartgelbe Lampenschirme. Es gibt auch noch kleinere Wandleuchten …

M wie Mauerwerk , Mesnerin und …

Die Mauern unserer Kirche sind bis zur Hälfte hoch aus ganz besonders dicken und rauen, fast unbehauenen Steinen gemacht. Die haben sie damals, als die Kirche gebaut wurde, von einer alten verlassenen Burg geholt, die sind also noch viel viel älter als die Kirche selbst.

N wie Neue Lieder und …

In jeder Kirche gibt es Gesangbücher, da stehen alle Lieder drin, die während des Gottesdienstes gesungen werden. Manche Lieder sind schon ganz schön alt. Deshalb stehen auch neue Lieder drin, Lieder, die auch wir Kinder verstehen und die singen wir dann gerne mit.

O wie Orgel, Opfer (Kollekte), Osterfestkreis und …

Unsere Kirche hat auch eine ganz schöne Orgel mit ganz vielen Orgelpfeifen. Manche davon sind groß und dick und gut zu sehen, aber dahinter sind noch viel viel mehr.

P wie Paramente, Pfarrerin, Predigt, Psalmen und …

In der Kirche hängen am Altar und an der Kanzel besondere kleine Teppiche, die heißen Paramente, mit denen werden der Altar und die Kanzel geschmückt. Es ist wichtig, welche Farbe diese Tücher haben, denn daran kann man sehen, welche Zeit im Kirchenjahr wir haben.

R wie Räume in unserer Kirche und Raumgestaltung, Ruhe und …

Der wichtigste Raum in der Kirche ist der Gottesdienstraum, den Raum nennen wir auch Kirchenschiff. Der hat zwei Ebenen, zu der man über eine vordere und eine hintere Treppe kommt. Dann gibt es noch die Sakristei und sogar eine Toilette.

S wie Sakrament, Sakristei, (Kirchen-)Schiff, Schaukasten, Sitzgelegenheiten in der Kirche, Stilformen der Baukunst, Symbole in unserer Kirche und ...

Die Sakristei ist ein kleiner Nebenraum mit einem eigenen Eingang. Dort bewahren die Pfarrerin und die Mesnerin alle wichtigen Sachen auf. Die Pfarrerin kann sich dort auch in Ruhe umziehen.

T wie Taufstein oder Taufbecken, Taufglocke, Taufkerze, Taufwasser, Talar, Türen, Turm, Turmuhr und ...

Uns gefällt ganz besonders der Taufstein in unserer Kirche. Er ist rund und steht unter der Kanzel. Er hat einen Sockel, der mit vielen Ornamenten verziert ist.

U wie Umgebung der Kirche und ...

Um die Kirche herum ist viel Platz mit großen hohen Bäumen. Ganz hinten ist eine ganz alter Kirchhof mit Gräbern. Dass man da Leute begraben hat, ist aber schon ganz lange her.

V wie Vasen in unserer Kirche, Vaterunser und ...

Wir haben ganz viele Vasen in unserer Kirche, kleine und große, aber am besten gefallen uns die zwei ganz großen. Sie sind aus Ton gebrannt und mit Bildern von Ähren und Weintrauben verziert. Sie stehen rechts und links neben dem Altar.

W wie Wandteppiche, Weihnachtsfestkreis, Weihnachtsschmuck, Weihnachtskrippe und ...

In unserer Kirche hängen zwei große bunte Wandteppiche und vier kleinere. Auf dem einen großen Wandteppich sind viele Tiere, Pflanzen und Bäume zu sehen und Adam und Eva, denn das Bild soll das Paradies zeigen.

Z wie Zinngeräte, Ziergegenstände und ...

Auf dem Altar stehen zwei Kerzenhalter aus Zinn. Sie glänzen silbrig und müssen mit einem besonderen Reinigungsmittel geputzt werden.

Die Erläuterungen werden durch gemalte Bilder der Kinder und selbst gemachte Fotos anschaulich unterstützt.

Für diesen interessanten Kirchenführer finden sich bestimmt Sponsoren, die das Kopieren vorfinanzieren.

WIR FEIERN EIN FEST IN DER KIRCHE UND DARUM HERUM

Eltern, Freunde, Bekannte, einfach alle in der Gemeinde werden eingeladen, gemeinsam mit den Kindern „ihre Kirche“ zu feiern.

Was ist zu tun?

- *Termin abstimmen:* Mit der zuständigen Pfarrerin einen Termin abstimmen. Dabei auf andere Feste und Ereignisse in der Gemeinde (dem Stadtteil) achten.
- *Einladungen verfassen und verschicken:* Die Kinder schneiden aus (braunem) Tonpapier eine Kirche aus, kleben Fenster (helles Papier, das auch bemalt werden kann) auf und „hängen“ eine Glocke in den Glockenturm (diese wird aus gelbem Tonpapier ausgeschnitten und aufgeklebt). Auf die Rückseite kleben die Kinder oder Erzieherinnen die Einladung.
- *Quiz vorbereiten:* Kennt ihr / kennen Sie unsere Kirche? Mit Hilfe des Kirchenführers – den man beim Fest für einen geringen Betrag erwerben kann – ist dieses Quiz natürlich ganz leicht zu lösen.
- *Gottesdienst vorbereiten:* Zu Beginn des Festes feiern die Kinder mit allen Gästen einen Gottesdienst. Er ist ganz auf die Erlebnisfähigkeit der Kinder ausgerichtet und orientiert sich an dem, was den Kindern beim Entdecken der Kirche wichtig war.
- *Angebote für die Kinder vorbereiten:*
  - Steine behauen und Skulpturen schnitzen: Die Kinder sind sehr beeindruckt von den Schnitzereien und Skulpturen aus Stein, welche in den Kirchen zu sehen sind. An extra vorbereiteten Ständen haben sie Gelegenheit, unter Anleitung und mit geeignetem Werkzeug, selbst Holz oder Stein (z.B. Ytong) zu bearbeiten. (Diese Angebote müssen gut vorbereitet und ausreichend beaufsichtigt werden. Auf geeignetes Werkzeug achten und Schutzbrillen besorgen.)

- Auch Staffeleien, an denen die Kinder malen können, sind ein schönes Angebot.
- Die bunten Kirchenfenster faszinieren die Kinder sehr. Auf vorbereiteten Glasscheiben können sie nun selbst ihre Motive auf Glas aufbringen. Dazu werden in Glasereien unterschiedlich große Scheiben besorgt. (Seiten und Kanten bitte glätten bzw. abrunden lassen. Wenn dies zu teuer ist, können die Seiten auch mit buntem Gewebeband abgeklebt werden.) Wahlweise können auch Plexiglas oder Acrylplatten (Baumarkt) verwendet werden. Mit geeigneten Farben können die Kinder nun ihre „Fensterscheiben" bemalen und mit nach Hause nehmen.

- *Einen etwas anderen „Glockenturm" besteigen:* An einer hohen Bockleiter wird eine kleine Glocke aufgehängt. Mutige Kinder können auf die Leiter steigen und die Glocke „läuten" lassen. Dafür erhalten sie einen Stempelabdruck – schön ist, dafür einen Stempel mit Glockensymbol zu verwenden.
- *Glockenturm besichtigen:* Es besteht die Möglichkeit, die Glocken aus der Nähe zu besichtigen. Dabei werden die Läute-Zeiten berücksichtigt, damit niemand überrascht und erschreckt wird.
- *Für das leibliche Wohl sorgen:* Vor der Kirche werden Stände aufgebaut, an denen leckere Kuchen, Waffeln etc. und schmackhafte Getränke gekauft werden können. Dazu auch Sitzgelegenheiten bereitstellen.

LITERATURHINWEISE

Rau, Christoph (Hrsg.): *Handbuch für den Mesnerdienst.* Quell-Verlag, Stuttgart, 3. völlig neu bearbeitete und erweiterte Auflage 1993 (nicht im Buchhandel erhältlich)

Schweitzer, Friedrich: *Das Recht des Kindes auf Religion.* Ermutigungen für Eltern und Erzieher. Gütersloher Verlagshaus, Gütersloh 2000

Goecke-Seischab, Margarete Luise/Ohlemacher, Jörg: *Kirchen erkunden, Kirchen erschließen.* Ein Handbuch mit über 300 Sachzeichnungen und Übersichtstafeln sowie einer Einführung in die Kirchenpädagogik. Verlag Ernst Kaufmann, Lahr/Butzon & Bercker, Kevelaer, 1998.

Goecke-Seischab, Margarete Luise/Harz, Frieder: *Komm, wir entdecken eine Kirche.* Räume erspüren, Bilder verstehen, Symbole erleben. Tipps für Kindergarten, Grundschule, Familie. Kösel, München 2001.

Degen, Roland/Hansen, Inge (Hrsg.): *Lernort Kirchenraum.* Erfahrungen – Einsichten – Anregungen. Waxmann Verlag GmbH, Münster/New York/München/Berlin, 1998.

Macht, Siegfried: *Kirchenräume begreifen.* 70 Bausteine für Kirchenbesuch und Klassenzimmer. Werkbuch Religionsunterricht 1 bis 6. Verlag Ernst Kaufmann, Lahr, 2002 (September).